This book is mine

....

....

....

ISBN-13: 978-1548212544

ISBN-10: 1548212547

Name
Website
Login/username
Password
Note

Name
Website
Login/username
Password
Note

Name
Website
Login/username
Password
Note

Name
Website
Login/username
Password
Note

Name
Website
Login/username
Password
Note
Name
Website
Login/username
Password
Note
Name
Website
Login/username
Password
Note
Name
Website
Login/username
Password
Note

Name	
Website	
Login/username	
Password	
Note	
Name	
Website	
Login/username	
Password	
Note	
Name	
Website	
Login/username	
Password	
Note	
Name	
Website	
Login/username	
Password	
Note	

Name	
Website	
Login/username	
Password	
Note	
Name	
Website	
Login/username	
Password	
Note	
Name	
Website	
Login/username	
Password	
Note	
Name	
Website	
Login/username	
Password	
Note	

Name	
Website	
Login/username	
Password	
Note	
Name	
Website	
Login/username	
Password	
Note	
Name	
Website	
Login/username	
Password	
Note	
Name	
Website	
Login/username	
Password	
Note	

Name	
Website	
Login/username	
Password	
Note	
Name	
Website	
Login/username	
Password	
Note	
Name	
Website	
Login/username	
Password	
Note	
Name	
Website	
Login/username	
Password	
Note	

Name	
Website	
Login/username	
Password	
Note	
Name	
Website	
Login/username	
Password	
Note	
Name	
Website	
Login/username	
Password	
Note	
Name	
Website	
Login/username	
Password	
Note	

Name	
Website	
Login/username	
Password	
Note	
Name	
Website	
Login/username	
Password	
Note	
Name	
Website	
Login/username	
Password	
Note	
Name	
Website	
Login/username	
Password	
Note	

Name
Website
Login/username
Password
Note

Name
Website
Login/username
Password
Note

Name
Website
Login/username
Password
Note

Name
Website
Login/username
Password
Note

Name	
Website	
Login/username	
Password	
Note	
Name	
Website	
Login/username	
Password	
Note	
Name	
Website	
Login/username	
Password	
Note	
Name	
Website	
Login/username	
Password	
Note	

Name	
Website	
Login/username	
Password	
Note	
Name	
Website	
Login/username	
Password	
Note	
Name	
Website	
Login/username	
Password	
Note	
Name	
Website	
Login/username	
Password	
Note	

Name
Website
Login/username
Password
Note

Name
Website
Login/username
Password
Note

Name
Website
Login/username
Password
Note

Name
Website
Login/username
Password
Note

Name	
Website	
Login/username	
Password	
Note	
Name	
Website	
Login/username	
Password	
Note	
Name	
Website	
Login/username	
Password	
Note	
Name	
Website	
Login/username	
Password	
Note	

Name	
Website	
Login/username	
Password	
Note	
Name	
Website	
Login/username	
Password	
Note	
Name	
Website	
Login/username	
Password	
Note	
Name	
Website	
Login/username	
Password	
Note	

Name	
Website	
Login/username	
Password	
Note	
Name	
Website	
Login/username	
Password	
Note	
Name	
Website	
Login/username	
Password	
Note	
Name	
Website	
Login/username	
Password	
Note	

Name	
Website	
Login/username	
Password	
Note	
Name	
Website	
Login/username	
Password	
Note	
Name	
Website	
Login/username	
Password	
Note	
Name	
Website	
Login/username	
Password	
Note	

Name
Website
Login/username
Password
Note

Name
Website
Login/username
Password
Note

Name
Website
Login/username
Password
Note

Name
Website
Login/username
Password
Note

Name	
Website	
Login/username	
Password	
Note	
Name	
Website	
Login/username	
Password	
Note	
Name	
Website	
Login/username	
Password	
Note	
Name	
Website	
Login/username	
Password	
Note	

Name	
Website	
Login/username	
Password	
Note	
Name	
Website	
Login/username	
Password	
Note	
Name	
Website	
Login/username	
Password	
Note	
Name	
Website	
Login/username	
Password	
Note	

Name	
Website	
Login/username	
Password	
Note	
Name	
Website	
Login/username	
Password	
Note	
Name	
Website	
Login/username	
Password	
Note	
Name	
Website	
Login/username	
Password	
Note	

| Name |
| Website |
| Login/username |
| Password |
| Note |
| |
| |
| |

| Name |
| Website |
| Login/username |
| Password |
| Note |
| |
| |
| |

| Name |
| Website |
| Login/username |
| Password |
| Note |
| |
| |
| |

| Name |
| Website |
| Login/username |
| Password |
| Note |
| |
| |

Name
Website
Login/username
Password
Note

Name
Website
Login/username
Password
Note

Name
Website
Login/username
Password
Note

Name
Website
Login/username
Password
Note

Name	
Website	
Login/username	
Password	
Note	
Name	
Website	
Login/username	
Password	
Note	
Name	
Website	
Login/username	
Password	
Note	
Name	
Website	
Login/username	
Password	
Note	

Name	
Website	
Login/username	
Password	
Note	
Name	
Website	
Login/username	
Password	
Note	
Name	
Website	
Login/username	
Password	
Note	
Name	
Website	
Login/username	
Password	
Note	

Name	
Website	
Login/username	
Password	
Note	
Name	
Website	
Login/username	
Password	
Note	
Name	
Website	
Login/username	
Password	
Note	
Name	
Website	
Login/username	
Password	
Note	

Name
Website
Login/username
Password
Note

Name
Website
Login/username
Password
Note

Name
Website
Login/username
Password
Note

Name
Website
Login/username
Password
Note

Name
Website
Login/username
Password
Note

Name
Website
Login/username
Password
Note

Name
Website
Login/username
Password
Note

Name
Website
Login/username
Password
Note

Name	
Website	
Login/username	
Password	
Note	
Name	
Website	
Login/username	
Password	
Note	
Name	
Website	
Login/username	
Password	
Note	
Name	
Website	
Login/username	
Password	
Note	

Name	
Website	
Login/username	
Password	
Note	
Name	
Website	
Login/username	
Password	
Note	
Name	
Website	
Login/username	
Password	
Note	
Name	
Website	
Login/username	
Password	
Note	

Name	
Website	
Login/username	
Password	
Note	
Name	
Website	
Login/username	
Password	
Note	
Name	
Website	
Login/username	
Password	
Note	
Name	
Website	
Login/username	
Password	
Note	

Name	
Website	
Login/username	
Password	
Note	
Name	
Website	
Login/username	
Password	
Note	
Name	
Website	
Login/username	
Password	
Note	
Name	
Website	
Login/username	
Password	
Note	

Name
Website
Login/username
Password
Note

Name
Website
Login/username
Password
Note

Name
Website
Login/username
Password
Note

Name
Website
Login/username
Password
Note

Name
Website
Login/username
Password
Note

Name
Website
Login/username
Password
Note

Name
Website
Login/username
Password
Note

Name
Website
Login/username
Password
Note

Name
Website
Login/username
Password
Note

Name
Website
Login/username
Password
Note

Name
Website
Login/username
Password
Note

Name
Website
Login/username
Password
Note

Name	
Website	
Login/username	
Password	
Note	
Name	
Website	
Login/username	
Password	
Note	
Name	
Website	
Login/username	
Password	
Note	
Name	
Website	
Login/username	
Password	
Note	

Name
Website
Login/username
Password
Note

Name
Website
Login/username
Password
Note

Name
Website
Login/username
Password
Note

Name
Website
Login/username
Password
Note

Name	
Website	
Login/username	
Password	
Note	
Name	
Website	
Login/username	
Password	
Note	
Name	
Website	
Login/username	
Password	
Note	
Name	
Website	
Login/username	
Password	
Note	

Name	
Website	
Login/username	
Password	
Note	
Name	
Website	
Login/username	
Password	
Note	
Name	
Website	
Login/username	
Password	
Note	
Name	
Website	
Login/username	
Password	
Note	

Name
Website
Login/username
Password
Note

Name
Website
Login/username
Password
Note

Name
Website
Login/username
Password
Note

Name
Website
Login/username
Password
Note

Name	
Website	
Login/username	
Password	
Note	
Name	
Website	
Login/username	
Password	
Note	
Name	
Website	
Login/username	
Password	
Note	
Name	
Website	
Login/username	
Password	
Note	

Name
Website
Login/username
Password
Note
Name
Website
Login/username
Password
Note
Name
Website
Login/username
Password
Note
Name
Website
Login/username
Password
Note

Name	
Website	
Login/username	
Password	
Note	

Name	
Website	
Login/username	
Password	
Note	

Name	
Website	
Login/username	
Password	
Note	

Name	
Website	
Login/username	
Password	
Note	

Name
Website
Login/username
Password
Note

Name
Website
Login/username
Password
Note

Name
Website
Login/username
Password
Note

Name
Website
Login/username
Password
Note

Name	
Website	
Login/username	
Password	
Note	
Name	
Website	
Login/username	
Password	
Note	
Name	
Website	
Login/username	
Password	
Note	
Name	
Website	
Login/username	
Password	
Note	

Name	
Website	
Login/username	
Password	
Note	
Name	
Website	
Login/username	
Password	
Note	
Name	
Website	
Login/username	
Password	
Note	
Name	
Website	
Login/username	
Password	
Note	

Name	
Website	
Login/username	
Password	
Note	
Name	
Website	
Login/username	
Password	
Note	
Name	
Website	
Login/username	
Password	
Note	
Name	
Website	
Login/username	
Password	
Note	

Name	
Website	
Login/username	
Password	
Note	
Name	
Website	
Login/username	
Password	
Note	
Name	
Website	
Login/username	
Password	
Note	
Name	
Website	
Login/username	
Password	
Note	

Name
Website
Login/username
Password
Note

Name
Website
Login/username
Password
Note

Name
Website
Login/username
Password
Note

Name
Website
Login/username
Password
Note

Name
Website
Login/username
Password
Note

Name
Website
Login/username
Password
Note

Name
Website
Login/username
Password
Note

Name
Website
Login/username
Password
Note

Name	
Website	
Login/username	
Password	
Note	
Name	
Website	
Login/username	
Password	
Note	
Name	
Website	
Login/username	
Password	
Note	
Name	
Website	
Login/username	
Password	
Note	

Name	
Website	
Login/username	
Password	
Note	
Name	
Website	
Login/username	
Password	
Note	
Name	
Website	
Login/username	
Password	
Note	
Name	
Website	
Login/username	
Password	
Note	

Name
Website
Login/username
Password
Note

Name
Website
Login/username
Password
Note

Name
Website
Login/username
Password
Note

Name
Website
Login/username
Password
Note

Name	
Website	
Login/username	
Password	
Note	
Name	
Website	
Login/username	
Password	
Note	
Name	
Website	
Login/username	
Password	
Note	
Name	
Website	
Login/username	
Password	
Note	

Name	
Website	
Login/username	
Password	
Note	
Name	
Website	
Login/username	
Password	
Note	
Name	
Website	
Login/username	
Password	
Note	
Name	
Website	
Login/username	
Password	
Note	

Name
Website
Login/username
Password
Note
Name
Website
Login/username
Password
Note
Name
Website
Login/username
Password
Note
Name
Website
Login/username
Password
Note

Name	
Website	
Login/username	
Password	
Note	
Name	
Website	
Login/username	
Password	
Note	
Name	
Website	
Login/username	
Password	
Note	
Name	
Website	
Login/username	
Password	
Note	

Name	
Website	
Login/username	
Password	
Note	
Name	
Website	
Login/username	
Password	
Note	
Name	
Website	
Login/username	
Password	
Note	
Name	
Website	
Login/username	
Password	
Note	

Name	
Website	
Login/username	
Password	
Note	
Name	
Website	
Login/username	
Password	
Note	
Name	
Website	
Login/username	
Password	
Note	
Name	
Website	
Login/username	
Password	
Note	

Name
Website
Login/username
Password
Note

Name
Website
Login/username
Password
Note

Name
Website
Login/username
Password
Note

Name
Website
Login/username
Password
Note

Name
Website
Login/username
Password
Note

Name
Website
Login/username
Password
Note

Name
Website
Login/username
Password
Note

Name
Website
Login/username
Password
Note

Name	
Website	
Login/username	
Password	
Note	
Name	
Website	
Login/username	
Password	
Note	
Name	
Website	
Login/username	
Password	
Note	
Name	
Website	
Login/username	
Password	
Note	

Name
Website
Login/username
Password
Note

Name
Website
Login/username
Password
Note

Name
Website
Login/username
Password
Note

Name
Website
Login/username
Password
Note

Name	
Website	
Login/username	
Password	
Note	

Name	
Website	
Login/username	
Password	
Note	

Name	
Website	
Login/username	
Password	
Note	

Name	
Website	
Login/username	
Password	
Note	

Name	
Website	
Login/username	
Password	
Note	

Name	
Website	
Login/username	
Password	
Note	

Name	
Website	
Login/username	
Password	
Note	

Name	
Website	
Login/username	
Password	
Note	

Name	
Website	
Login/username	
Password	
Note	
Name	
Website	
Login/username	
Password	
Note	
Name	
Website	
Login/username	
Password	
Note	
Name	
Website	
Login/username	
Password	
Note	

Name	
Website	
Login/username	
Password	
Note	
Name	
Website	
Login/username	
Password	
Note	
Name	
Website	
Login/username	
Password	
Note	
Name	
Website	
Login/username	
Password	
Note	

Name	
Website	
Login/username	
Password	
Note	
Name	
Website	
Login/username	
Password	
Note	
Name	
Website	
Login/username	
Password	
Note	
Name	
Website	
Login/username	
Password	
Note	

Name
Website
Login/username
Password
Note
Name
Website
Login/username
Password
Note
Name
Website
Login/username
Password
Note
Name
Website
Login/username
Password
Note

Name
Website
Login/username
Password
Note

Name
Website
Login/username
Password
Note

Name
Website
Login/username
Password
Note

Name
Website
Login/username
Password
Note

Name
Website
Login/username
Password
Note

Name
Website
Login/username
Password
Note

Name
Website
Login/username
Password
Note

Name
Website
Login/username
Password
Note

Name	
Website	
Login/username	
Password	
Note	
Name	
Website	
Login/username	
Password	
Note	
Name	
Website	
Login/username	
Password	
Note	
Name	
Website	
Login/username	
Password	
Note	

Name	
Website	
Login/username	
Password	
Note	
Name	
Website	
Login/username	
Password	
Note	
Name	
Website	
Login/username	
Password	
Note	
Name	
Website	
Login/username	
Password	
Note	

Name	
Website	
Login/username	
Password	
Note	
Name	
Website	
Login/username	
Password	
Note	
Name	
Website	
Login/username	
Password	
Note	
Name	
Website	
Login/username	
Password	
Note	

Name
Website
Login/username
Password
Note

Name
Website
Login/username
Password
Note

Name
Website
Login/username
Password
Note

Name
Website
Login/username
Password
Note

Name	
Website	
Login/username	
Password	
Note	
Name	
Website	
Login/username	
Password	
Note	
Name	
Website	
Login/username	
Password	
Note	
Name	
Website	
Login/username	
Password	
Note	

Name	
Website	
Login/username	
Password	
Note	
Name	
Website	
Login/username	
Password	
Note	
Name	
Website	
Login/username	
Password	
Note	
Name	
Website	
Login/username	
Password	
Note	

Name	
Website	
Login/username	
Password	
Note	
Name	
Website	
Login/username	
Password	
Note	
Name	
Website	
Login/username	
Password	
Note	
Name	
Website	
Login/username	
Password	
Note	

Name
Website
Login/username
Password
Note
Name
Website
Login/username
Password
Note
Name
Website
Login/username
Password
Note
Name
Website
Login/username
Password
Note

Name	
Website	
Login/username	
Password	
Note	

Name	
Website	
Login/username	
Password	
Note	

Name	
Website	
Login/username	
Password	
Note	

Name	
Website	
Login/username	
Password	
Note	

Name	
Website	
Login/username	
Password	
Note	

Name	
Website	
Login/username	
Password	
Note	

Name	
Website	
Login/username	
Password	
Note	

Name	
Website	
Login/username	
Password	
Note	

Name	
Website	
Login/username	
Password	
Note	
Name	
Website	
Login/username	
Password	
Note	
Name	
Website	
Login/username	
Password	
Note	
Name	
Website	
Login/username	
Password	
Note	

Name	
Website	
Login/username	
Password	
Note	
Name	
Website	
Login/username	
Password	
Note	
Name	
Website	
Login/username	
Password	
Note	
Name	
Website	
Login/username	
Password	
Note	

Name	
Website	
Login/username	
Password	
Note	
Name	
Website	
Login/username	
Password	
Note	
Name	
Website	
Login/username	
Password	
Note	
Name	
Website	
Login/username	
Password	
Note	

Name	
Website	
Login/username	
Password	
Note	
Name	
Website	
Login/username	
Password	
Note	
Name	
Website	
Login/username	
Password	
Note	
Name	
Website	
Login/username	
Password	
Note	

Name
Website
Login/username
Password
Note

Name
Website
Login/username
Password
Note

Name
Website
Login/username
Password
Note

Name
Website
Login/username
Password
Note

Name	
Website	
Login/username	
Password	
Note	
Name	
Website	
Login/username	
Password	
Note	
Name	
Website	
Login/username	
Password	
Note	
Name	
Website	
Login/username	
Password	
Note	

Name	
Website	
Login/username	
Password	
Note	
Name	
Website	
Login/username	
Password	
Note	
Name	
Website	
Login/username	
Password	
Note	
Name	
Website	
Login/username	
Password	
Note	

Name	
Website	
Login/username	
Password	
Note	
Name	
Website	
Login/username	
Password	
Note	
Name	
Website	
Login/username	
Password	
Note	
Name	
Website	
Login/username	
Password	
Note	

Name	
Website	
Login/username	
Password	
Note	
Name	
Website	
Login/username	
Password	
Note	
Name	
Website	
Login/username	
Password	
Note	
Name	
Website	
Login/username	
Password	
Note	

Name	
Website	
Login/username	
Password	
Note	
Name	
Website	
Login/username	
Password	
Note	
Name	
Website	
Login/username	
Password	
Note	
Name	
Website	
Login/username	
Password	
Note	

Name	
Website	
Login/username	
Password	
Note	
Name	
Website	
Login/username	
Password	
Note	
Name	
Website	
Login/username	
Password	
Note	
Name	
Website	
Login/username	
Password	
Note	

Name	
Website	
Login/username	
Password	
Note	
Name	
Website	
Login/username	
Password	
Note	
Name	
Website	
Login/username	
Password	
Note	
Name	
Website	
Login/username	
Password	
Note	

Name	
Website	
Login/username	
Password	
Note	

Name	
Website	
Login/username	
Password	
Note	

Name	
Website	
Login/username	
Password	
Note	

Name	
Website	
Login/username	
Password	
Note	

Name	
Website	
Login/username	
Password	
Note	
Name	
Website	
Login/username	
Password	
Note	
Name	
Website	
Login/username	
Password	
Note	
Name	
Website	
Login/username	
Password	
Note	

Name
Website
Login/username
Password
Note
Name
Website
Login/username
Password
Note
Name
Website
Login/username
Password
Note
Name
Website
Login/username
Password
Note

Name	
Website	
Login/username	
Password	
Note	
Name	
Website	
Login/username	
Password	
Note	
Name	
Website	
Login/username	
Password	
Note	
Name	
Website	
Login/username	
Password	
Note	

Name
Website
Login/username
Password
Note

Name
Website
Login/username
Password
Note

Name
Website
Login/username
Password
Note

Name
Website
Login/username
Password
Note

Name	
Website	
Login/username	
Password	
Note	
Name	
Website	
Login/username	
Password	
Note	
Name	
Website	
Login/username	
Password	
Note	
Name	
Website	
Login/username	
Password	
Note	

Name	
Website	
Login/username	
Password	
Note	
Name	
Website	
Login/username	
Password	
Note	
Name	
Website	
Login/username	
Password	
Note	
Name	
Website	
Login/username	
Password	
Note